나는 누구인가

부제: 눈물비와 사랑 예술의 노래

호프맨 작가의 인문학 시세이

나는 누구인가
부제: 눈물비와 사랑 예술의 노래

호프맨 작가의 인문학 시세이

반달뜨는꽃섬

| 호프맨 작가, 시인의 말 |

    시를 쓰고, 그 시를 소리 내어 낭독하면서 단 한 번도 울어보지 않은 이가 과연 시인이라 할 수 있을까요. 이 시집 속의 시들을 나는 수없이 반복해 낭독하였고, 그때마다 울음을 삼키지 못했습니다. 그것은 단순한 감정의 눈물이 아니라, 세월과 기억, 상처와 회복이 교차하며 터져 나온 생의 진실이었습니다. 스무 살 무렵, 시인이 되기를 꿈꾸며 방황하던 젊은 날의 나로부터 35년이 흘렀습니다. 그 오랜 세월의 침묵과 기다림 끝에 마침내 한 권의 시집을 세상에 내어놓습니다.

    이 시집은 눈물과 비 그리고 피아노의 음향이 담겨 있는 인문학적 시집입니다. 나의 가슴을 흔들었던 사랑과 예술이 파도처럼 밀려와 종이 위에 흘러내린 흔적입니다. 그 눈물비가 내렸던 것은 단순한 슬픔의 기록이 아니었습니다. 그것은 나의 예술과 사랑이 흘렀던 자취이자 인간으로서 살아온 내 생애의 맥박이었습니다.

25년 동안 해외를 떠돌며 살았습니다. 낯선 언어와 문화 속에서 나는 늘 이방인이었고 그 방황의 시간 동안 "나는 과연 시인의 자격이 있는가?"라는 물음을 수도 없이 되뇌었습니다. 시를 쓰는 행위가 나에게는 때로 구원처럼 다가왔으나 또 다른 한편으로는 깊은 결핍의 자각을 불러일으켰습니다. 그러나 바로 그 결핍이 있었기에, 나는 끝내 이 질문을 시집으로 응답하게 되었습니다.

이 책은 내게 단순히 한 권의 시집이 아닙니다. 그것은 '나는 누구인가'라는 생애적 물음에 대한 해갈의 답변이자, 방황 끝에 마침내 도착한 항구와 같은 것입니다. 한 편의 시를 쓰고 울었던 나의 목소리가 이 책을 펼쳐드는 누군가의 마음에도 잔잔히 스며들기를 바랍니다. 내가 흘린 눈물비가 당신에게는 맑은 샘물이 되어 잃어버린 사랑과 예술 그리고 자기 자신을 다시금 발견하는 여정이 되기를 소망합니다.

Content

01 사람냄새

아담과 이브	12
가족에게 빚졌습니다	14
모닥불 등신불	16
늙은 결혼, 나보다 더 사랑합니다	18
남과 여 발자국	20
기러기 아빠 차오르는 눈물	22
얼굴	25
새하얀 자장가	27
내 인생 주인공	28
딸바보 결혼식장에서	29
글쓰기 피아노 해바라기처럼	32
사람 냄새	33
창문	35

02 사물과 대자연

고층아파트	38
밤마다 스캔들	39
빨래가 웃는다	43
눈꽃 나무 때가 되면	46
풀잎 잔디 숲	49
가을바람 스캔들 바람피우기	53
이끼를 만지며	57
강변 하늘 연날리기	58
요람에서 무덤까지	60
소나무 상록수 아니다	63
억새풀	64
나무의 묵상	65
우산	65

03 나는 누구인가

글이 흐른다	68
절대 고독	72
해탈	72
낙타 글쓰기	74
명상 빅뱅	75
절대 희망 봄	78
번데기의 꿈	82
밤하늘별 한낮의 새 형제	82
새해를 만나는 것은	84
한 나무의 사계절 사람의 사계절	87
월화수목금토일 음악처럼	90
글쓰기 화가	93
예술이란?	94
별똥별과 꽃의 레퀴엠	96

04 수필처럼 살고 싶어라

플라타너스 버즘나무	98
바다여	105
폭풍의 언덕 식물처럼	108
눈물과 비와 사랑의 노래 (연작시)	
〈무서운 비〉	110
〈반가운 비〉	113
〈위로의 비〉	115
〈사랑의 비〉	117
산타클로스의 기도	119
레코드 LP판	121
나무 책상이 생겼다	125
AI 인공지능 이기는 법	127
스니커즈 사피엔스	129
시시포스 기도	131
삶은 액션	134
피아노 (연작시)	
〈피아노 연습〉	136
〈피아노 대가〉	138
〈피아노와 글쓰기〉	141
굶주림	144

1부. 사람 냄새

아담과 이브

서사적인 이브는 잔소리 요정
"작은 소리 소곤소곤 말하기"
"음식물 먹을 때 쩝쩝 소리 내지 않기"
"하품 크게 소리 내지 않기"
"좋은 냄새 풍기기"
"사람들 앞에서 옷 매너 말 품격 몸짓 예의 갖추기"
벌거숭이 야생의 아담 왠종일 잔소리 벌서기 한다
초 문명국 신사 선비의 품격으로 탈바꿈시킨다
서정적인 아담은 이브 없이 살아갈 수 없는 법
일탈 없는 결혼생활 행복은 이브의 잔소리 따르기
그녀 없으니 집안 곳곳 사물들이 주인 잃었다
아담은 에덴동산 주인 아니었기에 쫓겨난 것이다
하느님도 에덴동산을 감히 이브 덕분에 잃었지 않는가
주인 이브가 돌아와야 우리집 에덴동산 부활하겠다

가족에게 빚졌습니다

채무자로 살고 있습니다

가족에게 빚지고 살았습니다

가족 위해서 산다고 착각하였지요

가족 먹여 살린다고 오해하였어요

가족과 결혼하였는데 오래전 결혼 맹세 잊고 말았어요

우리의 자식들 태어난 그 순간 잊고 살았나봐요

가족과 함께 늙어가면서 깨달았습니다

나의 삶 절벽까지 이끌어온 것은 가족 합산

담보대출 넘어서 사랑의 빚을 졌기 때문입니다

가족은 내 사랑의 채권자

가족에게 희생 이자 사랑 셈법 배웁니다

그 사랑은 세상 끝 격랑 살아내는 힘이 되었고

파랑의 높낮이 타고 넘어갈 이유 만들었습니다

가족에게 어떻게 빚을 갚아야 할까요
사랑을 알려준 가족의 무한한 선물
하루하루 24시간 복리로 차곡차곡 쌓기
그 선물 절대 갚을 수 없을 빚이 되었습니다

결코 그 빚 탕감하지 않겠습니다
가족이 준 무한한 빚을 이자까지 얹어 감사하게 씁니다
가족의 빚은 파산하지 않습니다
기어코 그 사랑의 빚 청산하지 않겠습니다
든든한 재무제표 사랑의 빚이면 좋겠습니다
희망의 마이너스 행복 통장 대출되도록
죽는 날까지 빚 갚지 않고
사랑의 이자 갚는 채무자로 살겠습니다

모닥불 등신불

그 시절 시리도록 젊은 날

가진 것 하나 없던 날 쫄쫄 굶던 날

기타와 노래 부르짖고 입술 부르터진 날

앙상한 붉은 태양 떠오르던 날

저무르던 해 지는 것 모르던 날

남은 것 우정과 사랑밖에 없던 날

눈물 시려 가슴 쥐어짜며 울던 날

두 손 움켜쥐고 희망 부르짖던 날

모닥불 하늘 이글거리는 순간

잊을 수 없는 젊은 날 눈물만 먹어도

배부르던 그날

한 해 저물어 가던 날

이 생애 젊었던 순간 지나감 아쉬워하지 않겠노라

기타와 노래 없어도

간절하던 그 두 손의 마음 합장하리라

손에 손을 쥐고 소망하던 날

시간을 부여잡고 새해 맞이하노니

불씨 살려 다시 모닥불 되어

불꽃놀이가 온몸에 번지누나

이웃에게 옮겨 불붙어 온 세상 축제 되는 날

지구촌 모두에게 한 번 더 주어진

새로운 한 해 다시없는 젊은 날이리니

숯검댕이 타올라 중년의 등신불 되었노라

늙은 결혼, 나보다 더 사랑합니다

늙어가는 당신 곁에서 아직도 여린 마음

날마다 새로 콩깍지 씌우네요

주름진 당신의 미소

노안의 두 눈 환하게 밝혀주죠

깊어진 당신의 목소리

요들송처럼 귀 간지럽히고

포근해진 당신의 손길

두 뺨 이불처럼 감싸줘요

현실에 집착하는 당신의 사랑

시장 가격 깡그리 외우는 당신

거칠게 살아갈 사내가 되어요

시인의 순정을 잃을 만큼요

나보다 더 사랑하는 당신

영원히 내 시어의 뮤즈로 남아줘요

나이 먹은 결혼 버팀목 당신 없다면

철부지 몽상가 시 따위 절필하려오

시인의 시보다

더 늙은 결혼 사랑합니다

남과 여 발자국

없어질 이 모래 위 찍힌

남과 여 발자국

맨발 발가락도 닮았다

귀여운 앞 발가락 포근한 뒤축

눌려진 두 발의 흔적이

사라질 모래 위에 남겨진다

엄지 새끼발가락 꼼지락

발가락끼리 잘 어울린다

개구쟁이 남자 발 깡총 뛰었다

수줍은 여자 발 못 이겨 손잡는다

함께 걸어온 네 발자국

곧 지워질 것을 안다

그날 그 순간 그 해변 위에

모래 알갱이로 변한 발자국

남과 여의 투명한 맨살

그들 마음 안으로 복사되어

집으로 가져가고 싶었다

기러기 아빠 차오르는 눈물

새벽 동터오는 하늘에 앉아서

바다 건너 눈물 떨구네요

비행기 떠나가는 하늘에 기대어

고향땅 두고 온 식구들 보고 싶어

공원의 하늘에 주저앉고파요

덜퍼덕 걸터앉아 절단된 하늘길

턱 받치고 남모르는 눈물 흘리지요

이렇게 혼자서도 잘살고 있다고

두근두근 심장 박동할 수 있다고

하늘에 소리치고 싶었어요

펄럭거리는 사지로 잘 살아있다고

억지로 꾸민 두 팔이 흐느적 행복 깃발이 되네요

아빠의 눈물보다

사랑하는 이들이 행복하면 그만이잖아요

지금껏 잘 살 수 있어서

고마운 투정이 눈물마저 속상하네요

남몰래 흘리는 거짓말 같은 눈물..

오로지 하늘만 알고 있나요

하늘에게만 숨기고 싶지 않았어요

차오르는 그리움이 행복이라고 속입니다

일요일 새벽 공원에서 숨소리 죽여

아무도 모르게 눈물 차올라서

절대 외로움의 시간 그 끊어진 텅빈 공간

혼술 혼밥의 활주로가 기러기 아빠 선물이라 우기네요

그리움이 액체로 변해서 편지글 쓰다

외로운 눈물 잉크가 번져버렸지요

아무에게도 보여주고 싶지 않았지요

홀로 하늘에만 남김없이 쏟아내고

눈물 훔쳐봅니다

얼굴

아가 얼굴 하얀 도화지 세상의 모든 가능성 담았네

어린이 얼굴 테두리 그려 넣은 스케치 밑그림

청소년 얼굴 굵직한 도형 넣은 별천지

스무 살 처녀 총각은 꽃보다 아름답게 피어난 얼굴

신랑 신부 사랑이 아가의 얼굴처럼 다시 하얀 도화지

그네 밀고 당기는 두 얼굴

세상 파고에도 휩쓸리지 않는 모래톱 얼굴

짠 바닷물 적시는 두 부부의 얼굴 벌써 만선의 꿈 잇는 얼굴

결혼하면 닮아가는 중년의 부부 얼굴 붕어빵 얼굴

주름 그어진 얼굴은 인생 화폭 불멸의 명작품

내 얼굴 책임지라 하지만 아직 미완성 명품 얼굴이고 싶어

당신 주름진 얼굴 다시 보아도

함께 끝까지 그려갈 세월 그윽하게 담고 싶어

우리 얼굴 하나하나 큰바위얼굴이기를

세상에 다시없는 나만의 명품 완성하고 싶어

새하얀 자장가

세상 처음 눈뜬 아가야,

태초 마음은 새하얀 색이란다

엄마 아빠는

원색의 세상 짙은 칼라만 담지 않기를

크레용처럼 고집스럽지 않기를

무채색 자장가 네게 줄 세상이 거라

새하얗게 마음대로 상상하거라

네가 살아갈 세상

무한 입력 무한 출력의 가능성

무지갯빛 수채화 같은 물감으로

오선지 없는 허밍을 준비해 둔다

너의 세상 가사는 네가 맘껏 붙이거라

내 인생 주인공

내 인생 그래도 웃고 살았네

얼굴 구겨질 때도 있었지만

어떻게든 얼굴 피는 것을 배웠네

광대처럼 남의 인생 살지 않았네

햄릿의 찰처럼 내 인생극장 주인공

남 눈치 안 보고 실컷 웃고 울만큼

진실하게 연기했네

때로는 지우고 싶은 실수도 있었지만

원고지의 대사는 주인공다웠다네

백세 극장 홍보 포스터에 오른

나의 인생 4막 절정 아직멀었어

관중들에게 브라보 앵콜이었기를

돈키호테 풍차처럼 세상 바꾸었기를

기대해도 될 게야

딸바보 결혼식장에서

쿠키 함께 나누어 먹던

앳된 모습 오간 데 없이

양산이 어울리는 숙녀로 자라난 외동딸

사회의 들보로 어른 되었네

언제까지고 아빠에게 소녀 같은 딸이지만

여인이 된 딸 이 세상 무엇보다

어엿하다가 기특하다가 지긋하다

쿠키 집 벽은 허물지 않을 거야

우리집 사랑의 벽으로 단단할 거란다

아빠는 언제까지고 쿠키 집 창문에서

우리 딸 응원하련다

오고 싶으면 찾아올 수 있도록

산타 할아버지 성탄 트리

쿠키 집 앞마당에 1년 내내

장식하련다

딸바보는 식장의 외동딸 손을 억지로 잡아준다

불꽃 심지 굽혀 촛불 녹이고

네 결혼식장 함께 서는 부녀

더 큰 가장 역할 책임의 신성한 의무를

주례의 말로 굳세게 너를 떠나보낸다

세상 밖 폭풍의 언덕에 선 딸아!

세상의 칼날에 다치지 않기를

절망과 고통에 주저앉지 않기를

슬픔이 너를 억누를지라도 다시 웃을 수 있기를

외동딸이 시련에 쓰러지지 않기를

네가 선택한 사랑이

용기가 심장이 되고 근육이 되어 불끈 일어서기를

기도하니 잊지 말거라

아빠의 심장을 디디고 우뚝 서거라

아빠의 어깨가 너의 디딤돌이란다

네 아이가 할아버지의 징검다리 놓을 수도 있단다

힘들 때 그 자리 찾아올 수 있도록

쿠키 집 허물지 않고 두 채로 늘려

더 넓은 지붕 짓고 기다리려무나

글쓰기 피아노 해바라기처럼

해바라기 씨앗을 품었구나

수천 개의 음색을 88개의 건반에 꽃망울이 걸렸다

피아노 뚜껑을 열고 건반을 보면

해바라기 수천 개 씨앗의 얼굴을 만난다

그 얼굴이 음악이 되어 미소 짓고 웃는다

그 얼굴이 피아노 음색이 되어 울고 비통해진다

피아노는 시들지 않는 해바라기꽃이다

글쓰기는 해바라기 씨앗처럼

작은 글자들 수천 개 수만 개 음색을 품는 작업이다

글자가 생명의 씨앗이 되어 문장으로 완성되면

하나의 해바라기가 웃게 되는 고귀한 창작이다

문장이 단락이 되고 한 작품이 되면

태양을 머금는 감동이 되었으면 좋겠다

문학도 예술도 해를 바라는 것이 아닌가!

사람 냄새

어른 한 사람이 되는 길

이리도 어려운 것은

상처가 아무는 데 걸리기 때문에

깨지고 터지고 딱정이 벗겨지는데

수천 번의 세포가 살아 돌아오지 못하였다

상처 하나 없던 아기 피부가

주름진 피부로 고랑으로 변해가는 것

상처를 안고도 씨앗을 뿌리고 살았기 때문에

아물지 않고 늙어버린다

사람 냄새는 향수를 뿌린다 해도

살아온 세월만큼 없어지지 않으니

지금 죽어도 좋을 만큼

울다가 웃자

한 사람의 피부 이랑에

물기를 주고 햇살이 스며들게 하자

창문

아이가 창문 밖 세상에서 뛰어넘으려면

창문 만큼 투명해야 합니다

달과 별을 만날 만큼 꿈을 꾸어야 합니다

아이에게 눈이 창문이었지요

창문에 띄울 연애편지가 돌아올 때

부부의 창문이 세상을 같은 눈높이로 볼 때

창문에 비추어도 당당한 실루엣으로

어른이 되어버립니다

때로는 창문이 더럽혀지고

흐릿하여 세상을 볼 수 없더라고

눈부신 마음의 창문으로 늙어가세요

죽는 날까지 창문을 닦을 것을

창문에 비친 나에게 맹세하세요

세상이 갇히지 않도록 삶의 창문 열어주세요

창문 안팎이 같은 그런 사람이 되어요

2부. 사물과 대자연

고층아파트

허공 떠 있는 하늘 땅마지기

구름처럼 안락하게 잠잘 수 있구나

하늘 솟은 한 공간 내 명패를 갖고 있음 감사하구나

콘크리트 철근 탑 우듬지 나의 둥지

이 도시 한 편, 저 하늘 한쪽에 누일 몸이 행복이구나

새벽에 일어나서 외치다

"여기는 닭장이 아니다"

"알을 낳기 위해서 울고 싶을 뿐이다"

아파트 높아야 품격이란다 관리비도 적단다

깡촌 이사할 때 뾰로통하던 하늘 보니 입 벌어진다

하늘 맞닿은 신령한 곳

이 높이에서 기도하면 가장 먼저 닿을 거란다

밤마다 스캔들

절대 다른 침대와 편히 잘 수 없다
결코 내 것이 아니고 결혼한 것 아니기 때문이다

한번 맺은 인연 너의 품에만 포개어 자련다
날마다 유토피아 따로 있지 않다
매트리스 땅에 나의 천국 세워진다

밤마다 스캔들 열린다 나의 연인 기다리는 그곳에서
침대 과학이 아니다 몸에 맞으면 그곳이 나의 천국

늦도록 하루 종일 기다리고 있었구나
언제나 그 자리 변함없이 돌아갈 자리
네가 있는 그곳으로 아침에 떠나는 그리움

눈마저 충혈되어 피로 엄습하는 하루

다리 목젖 퉁퉁 부어오르는 하루

긴장된 가슴 울렁거리는 하루

싸움 지쳐서 상처투성이 하루

모두 그곳 가면 치유받는다

허름한 침대 바람피울 수 없어도

매일 밤, 네 곁의 밤은 사치롭다

포근한 치맛자락처럼 밤을 끌어당긴다

그 품 안기면 하루치 고통쯤 깨끗하게 위로받다

어깨가 쓰러져도 좋고 배 위로 엎어져도 좋다

온몸 누일 수 있는 우주의 공간

누구와도 공유하고 싶지 않다

베개 속 얼굴 좌로 눕고 우로 누우면

드뷔시 달빛 세레나데 연주되는

밤마다 홀로 스캔들

우쭐했던 한낮 태양 사라지면 모두에게

공평한 밤 반 평이면 족하다

깊은 잠 자야만 새롭게 부활한다

한낮에 졌더라고 숙면 후 다시 이길 패 쥐게 된다

그 숙면 지배하는 왕좌의 게임

침대 이외 두 가지 열쇠 있다.

두 연인은 한 몸

하나는 베개, 또 하나는 이불

베개는 1,000억 개 뇌 신경세포

위로의 팔로 감싸준다

하루 종일 머리 들고 다니는데

얼마나 힘들었을까

수십 미터 운동하는 장기를 포옹하는

이불의 쉼터에서 따스한 몸 안아준다

침대의 이 두 연인 함께라면

밤마다 천국 스캔들 꿈꾸게 한다

빨래가 웃는다

빨래가 젖은 눈물 흘린다

왜 짜내지 않았느냐고 섭섭해한다

왜 아무렇게나 버렸냐고 운다

자동 탈수 과정은 구원의 길

깨끗하게 씻기는 길 겨우 달랜다

속 깊은 빨래가 웃는다

빨래는 화장 좋아한다

향기 나는 거품 목욕 좋아한다

색깔로 치장하는 것만 싫어한다

빨래는 색조 화장 거부한다

향기 화장만 고집한다

부활의 기적은

신神만의 전유물 아니란다

빨래는 불멸이다

빨래는 새로 태어나기 반복한다

우리가 숭배하지 않는 것은

빨래의 겸손이다

빨래는 성자다

기꺼이 악취 받아들인다

온갖 오물 뒤집어쓰고

땀방울 흡연 마다하지 않는다

빨래의 세탁기 앞에

고해성사하고 만다

세상 모두 세탁하자!

귀천 없이 구원한다

빨래는 바람 햇살과 살을 대는 사이다

바람 머금고 햇살 미소 짓는다

심장 멈추었던 빨래

빨랫줄 빨래집게로 피와 살

순환하게 된다

빨래는 누구보다 충실하다

오로지 한 사람 주인에게로

돌아가는 운명이다

잘 포개어진 빨래는 기다린다

우리가 사랑할 수밖에 없는 이유

빨래는 다른 주인 모른다

빨래도 그 사람도 다시 만나면

기뻐서 운다 아니 빨래가 웃는다

눈꽃 나무 때가 되면

때가 되면 새싹 돋아나겠지요
그때까지 기다려줄 수 있겠어요?
당신이 변하지 않고 기다려준다면
초록색 잎으로 옷을 치장하고
빨간 입술 꽃망울 터뜨리겠어요

때가 되면 헐벗은 몸을 가려줄 날이 오겠지요
이 겨울 지나기 전 희망을 입혀줄래요?
하얗게 질려버린 가난한 자존심도 버리지 않고
내 곁에서 지켜준다면
희망으로 피어난 초록의 옷을 지어 입을게요

때가 되면 꿈꿀 수 있을까요?
한겨울 삭풍 동파에

살갗 터지고 입술 부르터서 핏발 서더라도
다시 부드러운 피와 살 돋아나
따스한 햇살 목욕할 수 있을까요?
으시시 떨고만 있는 이 겨울 한복판
당신의 꿈 키스해 주겠어요?
당신 없다면 백발이 버티지 못하고
죽을 것 같아요

때가 되면 다시 찾아줄 거지요?
지금은 겨우내 눈꽃 되어 당신 기다립니다
모두가 하얀 세상에서 나를 구분할 수
없을 걸 알지요
하염없이 기다리면 알아봐 줄 거지요?

때가 되면 향기 풍기며 당신의 목소리로

오로지 당신을 위해 노래할 날 오겠지요

그때 다시 찾아오기를 기도하면서 간절하게 흔들립니다

이렇게 찰바람에 떠는 것은

새봄의 당신을 위해서 죽지 않으려는

몸부림이랍니다

때가 되면 무서운 폭설도 녹아 버려요

눈꽃 나무 하얀 꽃들 모두 떨어지는 그때,

겨우내 버텨낸 당신을 위해 흘린 눈물이 얼음이 되어요

녹아서 봄 이슬이 되어 살아날 수 있을 거예요

풀잎 잔디 숲

잔디 깔고 앉으면 안 된다

잔디 위 걸으면 안 된다

뭐 그런 경고 마구 무시한 적 있지요

대신 잔디를 손으로 만져보세요

촉촉하게 젖은 잔디가 온몸으로

부르짖는 떨림 만져보세요

이렇게 욕심 바람 없이 살아요

이슬만 먹고 살아가요

밟아도 뭉개어도

풀잎 허물어지지 않아요

새벽까지 견뎌내고 물먹은 초록빛

다시 반짝이면 되지요

그거면 족해요

더 이상 바라는 것 없어요

모두에게 푹신하다는 것

빗질 안 해도 위로 뻗어있으려 한다는 것

새들 곤충들도 반기는 잔디로

짓이겨져 살아갈 수 있어서도 행복한 존재

그런 잔디 부르르 떨리게 쓰다듬어주셔요

풀 잔디는 부르르 떨리는 존재 절대 쓰러지고 포기하지 않아요

풀잎 으깨어 밟아도 짓눌려도 다시 굳세게 살아내지요

왜 그런지 아세요?

서로가 서로를 부둥켜안고 서있기 때문이랍니다

풀 잔디는 오그라들지라도

서로를 의지하고 있었기에 쓰러지지 않지요

그런 풀 잔디 손으로 매만져 주지 못한 것 뉘우쳐요

밟기만 해온 우리가 오만하였어요

풀잎은 하루 종일 뙤약볕에서 메말라가도 견뎌내어요
가장 낮은 식물이기에 속상해도 버텨내지요
오로지 새벽이슬로 만족할 줄 알아요
어쩌다 오는 빗물에 감사할 줄 알기에
가장 먼저 깨어나 눈부신 윤슬 머금어 보네요

겨울에 노랗게 물들이지만 봄의 주인공을 준비하였던 거예요
풀 잔디는 공원의 주인공 자리 사람들에게 내어주었지요
푸른 공원 사람들에게 무대 내어주는 조연으로 만족하네요
풀 잔디는 신발 발자국에 뜯겨나가도 움켜쥘 욕심이 없지요

풀 잔디에 앉아서 푸른 내음 맡고 명상 호흡 숨 쉬어요
묵상 기도에 흘러 들어가는 풀잎 숲 초록 향기
들숨 날숨 수채화 가슴을 물들이지요

미토콘드리아는 식물도 사람도 같은 꿈이지요

그 꿈은 소박하게 영양소 끌어안는 풀잎 숲 땅의 피부네요

지구촌 모두 풀 잔디 피부로 물광 내면 좋겠어요

아낌없이 주는 감동의 섬유 다발로 중력도 비켜 가네요

가을바람 스캔들 바람피우기

 스캔들 바람피우고 싶은가?
바람 부는 날, 나의 영혼을 일으키는 날,
시어를 선택하는 날, 바람은 묻는다
보이지 않는 나를 느낄 수 있냐고 물었다
대답할 수 있을 때까지 시를 썼다
바람을 느낄 수 있다고 시에 고백하고 싶었다
바람은 나를 믿어줄까 조바심 내던 그 시절,
영혼은 가을바람에 성장하기 시작한 기원이 되었다

바람 맞는 날, 깨어나는 날, 바람 밟고 서있었다
시를 쓰고 싶은 그날, 한 해 동안 무엇을 하였는지
바람의 언어를 만지고 싶어 하는 그날,
어느덧 성장한 스캔들 기다리고 마주한다
봄의 온도는 발아하는 씨앗을

뜨거운 여름의 바람은 꽃이 흔들려 홀씨를 남기는 것을
가을의 청량한 바람은 고개를 숙여 흙을 보았다
겨울의 북풍이 사나운 성질로 영혼을 누르려고 해도
물들어가는 가을바람은 나의 성장 부채질하였다

바람 샤워하는 날, 살아있음에 기쁘지만
바람이 스러지는 날도 있음을
저 멀리 사라지는 엔딩이 또 다른 시작임을
다시 바람을 피우고 싶다

바람의 색깔로 옷을 지어 입고
바람의 맛으로 세상을 음미하고 싶다
가을바람 입고 울긋불긋 물들고 싶고
색깔이 남다른 사람으로 이 가을 스캔들 뿌리고 싶다

겨울이 녹기 전에 한 번 더 봄바람 설렘이 간지럽힌다

생명력 차고 터지는 초록의 여름 바람 타버린 살갗 찢는다

수확의 곡식이 농부의 가슴 먼지 씻겨주는 가을바람

떠나야 할 시간 다시 시작하게 알려준다

이 낙엽의 울긋불긋 찾아 한 번 더 가을을 품고 싶다

바람이 낙엽처럼 벗겨진 날 영혼의 껍질도 벗어버리고 싶다

이끼를 만지며

네가 그렇게 바위에 매달려 있는데
어찌 내가 울지 않을 수 있겠니

이끼의 언어 춤을 추지만
열심히 더 처절하게
살라고 따갑게 나무란다
묻지 않아도
이끼는 채찍질한다
나도 살려고 저렇게
부둥켜안겨 있었다

살아보려고 수없이
바닷물에 눈물 콧물
적셔도 주고

뽀송한 햇살에 아교 되어

말려도 주었단다

이끼야, 너처럼 이 생애

철석같이 기생하련다

강변 하늘 연날리기

강변 하늘 날아가는 연

얼레 실 줄에 걸린 나의 하늘

강 물결 바람 타고

고향 하늘 닿을까

연 날리는 마음

지구촌 이방인 모두 같은데

자꾸만 바다 건너 고향 하늘

흘끔 바라게 되누나

그것이 욕심이라면 이루거라

한껏 멋 부리고 날아가다

실 끊어져 자유로워라

고향땅 하늘 연이 닿으면

드론 조리개 되거라

태어난 하늘의 피사체 필름 돌려라

요람에서 무덤까지

누우면 이렇게 편안한 것
태어나서 죽은 후에도 유혹이다
침대는 온몸으로 주문한다
지상 땅 위 단지 몇 센티미터 위에서
천국 멀리 있지 않다
세상 끝 넓이만큼 크다
360도 몸을 틀어도 부족하지 않다

상처받은 피곤이 사라지고
감염된 세포 살아나는 부활의 코드
그 코드를 깨고 싶지 않다
달콤한 부활의 꿈
긴 밤의 시간을 단축하는
무의식 세상 일탈의 꿈

요람에서 아이가 눈뜰 때까지
그 생명의 빛을 주었던
침대는 아이가 어른 될 때까지
엄마 보모였다

노안으로 침대에서 쓰러지는 밤
아침의 내 몸은 빗살무늬
온 누리 생명의 빛 보게 된다
그 빛은 아이 같은 맑은 눈 돌려준다

새벽잠 깨어도
다시 돌아가고 싶은 포대기
헤어지고 싶지 않은 노인에게
침대는 치명적인 유혹이다

눈 감을 때까지

죽도록 일해야 하는 세상

그곳에서 눈 감아도

일하지 않아도 된단다

영면 뒤에도 유혹한다

침대는 지하의 흙 아래까지 이어지니까

요람에서 무덤까지 침대의 세상으로

중독되어 매일 밤 찾아간다

새벽에 이별해야 하는 숙명

그를 만나기 위해

매일 밤 기꺼이 바친다

살아가는 것이 고역이니까

소나무 상록수 아니다

소나무가 바늘처럼 날카롭게 잎새 키워온 것은

삭풍에 초록빛 잃지 않기 위한 노력이니

스스로 언제나 상록수 아님 잊지 않도록

뾰족하게 갈아온 세월이니

사람도 둥글게만 살면 등 푸르게 버틸 수 없으이

내밀하게 날카로운 꼬챙이로

거칠게 살 수 있어야 마음 푸르게 사느니

억새풀

억새풀은 흔들리며 자라다가

성장하면 비스듬하게 서는 법 배운다

사람이 유년 시절에서 성인으로 자라는 과정이다

어른이 되어 비로소 자긍심 익는

독립된 인격체로 억세지는 거다

스스로 누구와도 대체될 수 없는 존재로

곧게 서는 법 알게 된다

억새풀 꿈은 절대 밟혀서도 안 되고

뿌리째 뽑아버려 포기될 수 없다

흔들거린다고 바로 서지 못하는 억새풀이 아니다

나무의 묵상

귀머거리 나무야 깊은 뿌리 나무야

고향땅 말없이 떠나가도 들어주랴

어려서 뿌리내린 그 자리 대신 지켜주련

많이 배워 내년에 돌아오면

더도 말고 한결같이 반겨주련

묵언수행 하는 너를 믿고 떠난다

정승 나무들아 수행자 나무들아

말 많은 이 땅을 편 가르지 말고

차별 없이 지식을 사랑하라고

네가 말하는 공정한 묵상 배우리라

만국의 언어와 지식 찾아 떠났지만

묵언으로 네 곁으로 돌아오는

지혜의 여정이었다

우산

우산은 깡마른 몸짓의 싸움꾼이다
궂은 하늘 비 올 때 링에 올라선다
드디어 360도 촘촘 박혀있는
우산살 동그랗게 근육을 펼친다

우산 쓴 사람은 링 안의 심판관
그 숨소리가 빗소리 덮는다
우산살 맨살로 젖은 하늘 맞서면
대신 인정사정없이 때려 맞는다

3부. 나는 누구인가

글이 흐른다

강물은 디딤돌 타고 넘으면서 숨을 헐떡인다

돌이 잠시 강물을 느리게 할 수 있지만

넘어서지 못할 것 없다

강물은 돌로 방향을 잠깐 바꿀 뿐

바람마저 강물 흐름을 멈추지 않는다

다리 위에서 바람이 입자 되어 숨구멍 안으로

그 바람 품고 펄럭이는 물고기들 가슴 뛰게 한다

강물 흐르는 다리 위에서

출렁이는 중년 남자 격한 마음 흐른다

흐르는 마음에 물고기 떼 바람 타고 펄럭인다

돌이 흐르고 강물 뛰어간다

그곳 무명작가 글에 젖은 마음 첨벙첨벙 움직인다

펄떡거리는 강물

이 낯선 곳 더 이상 낯설지 않은 착각

고향에 두고 온 산천 닮아서

익숙한 펜 들고 글 낚아간다

꿈틀거리며 낚이는 것은 작가의 마음뿐

흐르는 강물 오간 데 없이 멀리 가버린다

글이 흐르다 강물에 젖은 얼굴 마주한다

저 강물에 계절도 산천도 씻겨 내려간다

가는 세월 부여잡고 싶어 글 미끼로 낚싯줄 던진다

유랑하는 강물 헐레벌떡 깨닫고 만다

고향 강물에 두고 온 글이 아님을...

날마다 집 떠나는 방랑자의 시어는

흐르는 강물 거슬러 물고기 떼 언어로 깨어난다

절대 고독

늦가을 낙엽 바스락거리는 소리는 눈물이다
밟고 있는 절대 고독은 울고 싶어라
혼자 있어서가 아니다
그리워서도 아니다
숨길 수 없는 나를 만나기 때문이다

나이 들어가는 나를 만나면 아다지오가 된다
불쑥 놀라지 않으려고 천천히 거울 속 나 만난다
사라진 매미 소리에 놀라 계절이 바뀌어도
깨어있는 깊어진 나는 에테르에 마취된다
절대 고독 삼키고 대신 글을 적어라
주워 담을 수 없으니 글에다 쏟아라
나를 찾아가는 길 속에 은둔하라
낙엽처럼 바람에 휩쓸리지 말고

황금 들판 자연에서 깨어나라

울긋불긋 단풍의 예술에서 동경하라

혼자서도 부끄럽지 않을 때

늦가을은 절대 고독의 양식이 되느니

겨울 오기 전에 그 양식으로 단식하라

가벼운 혼으로 동굴에서 차갑게 동면에 들리라

낙엽 밟는 고독은 향료요

글은 살찌우는 영양소이니

밋밋한 인형이라면 차라리 죽어라

절대 고독에 뒤범벅 풍덩 빠져라

해탈

해 돋는 붉은 하늘 아래

펼쳐진 수면은 블랙홀

수족관인지 하늘인지

잉어처럼 빛나는 물결

열대어처럼 반짝이는 햇살 건너야 산다

윤슬 아래 물은 중력 벗어난

유체 이탈하는 해방이다

수영하는 모습은 하늘 나는

진공 우주선처럼

물살 가르며 나아가는 몸 가벼워

혜성의 꼬리처럼

물 위 지느러미 미끄러지듯

일체 무게 단위 없어진다

세상의 모든 번뇌 잊고 오직

이 순간 물멍도 욕심이다

시공간 구부리는 아트만 눈뜬다

중력 거스르는 해탈의 삶

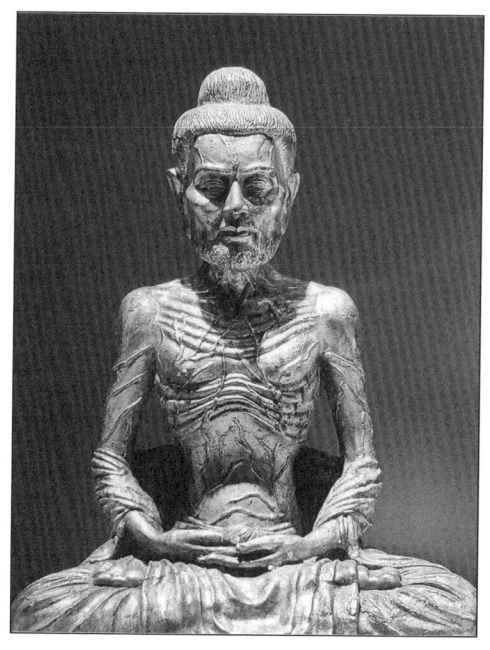

낙타 글쓰기

낙타 혹 덩이는 희망 품고 산다
모래 폭풍 건너 신기루처럼
구도자의 송전탑이
사막의 삶 곳곳에 솟아있다

글쓰기는 낙타가 걷는 길이다
낙타의 긴 혀 같은 희망봉은
모래 폭풍의 순교자
낙타젖 눈물 쏟아내어
닿고 싶은 오아시스의 길
낙타의 혹 덩이 잉크 짜내어
궁서체의 해갈을 마시고 싶다

명상 빅뱅

두 손 잡으면 해체되었던

두 세상 도킹하다

달리 살아온 두 사람 우주 만난다

그 우주는 땅이 다르고 하늘이 달라도

중력 법칙 따르는 법

두 손 합쳐진 에너지가 블랙홀 된다

두 손 잡으면

시공간이 공空이다

한꺼번에 완전체 될 수 없는

극단이 오버랩 되는 각성이다

명상은 만유인력 법칙을 거스른다

시공간 구부리는 상대성 이론의

도달할 수 없는 비밀도 해독된다

두 손 모으면

두 남녀 눈부신 세상 만나는 것이다
세상 끝 카오스에서 태어난 음양
안드로메다 외계인이 지구와 소통하는 확률이요
모래 알갱이 바닷가 닿는 나침반이요
우주와 사람의 채널링이다

광대한 별빛 사이 수만 광년 살아온 별똥 비
지구의 순간이 다잡은 두 손 빛이 된다
두 손안 블랙홀이 명상이다
생명 끌어당기고 시공간은 탄생한다
코스모스 카오스 스토리
뜨겁게 달구는 카오스 입자들 분해되어
생명체들 핵분열로 빛난다

존재는 그 우주의 일부이기에

두 사람 두 손이 만나면 빅뱅이다

태극처럼 들숨과 날숨 휘어져

명상은 우주를 품다

절대 희망 봄

사계절 존재하는 한

절대 희망 끈 놓지 마라

낙엽 품은 흙더미 희망 말아라

해 몰이에서 아침노을 싹튼다

새봄은 풋풋한 담쟁이넝쿨이다

초원의 초록빛 나비 날개로

저 높은 하늘과 땅 뒤덮이리라

겨우내 낙엽 썩어서

시련이라고 착각하였다

양초 같은 고통의 씨앗을 태워라

희망 꽃 움터 발아하리

절대 희망 끈 놓지 마라

반대쪽 '절망'이 아니라

'절대 희망'의 줄임말이리니…

쓰다만 시어를 삼키어도

새봄은 찢어버릴 수 없는 시

번데기의 꿈

빅 퀘스천(위대한 질문) 없는 곳이 없네

꿀벌과 나비처럼 번데기 찢고 나오는 꿈꾸네

아무것도 먹지 않고 배설 않는다고

꿈틀거리는 번데기의 꿈이 죽은 것이 아니라네

애벌레가 성충으로 발가벗는 법

온 누리 모든 생명체는

수수께끼 소명을 해결하네

사람 생애 주기는

알 깨뜨리고 번데기 탈출하는

껍질 벗는 이야기

삶이 스스로 질문을 던질 때

먼 우주까지 찾아보려 하지 말자

손톱보다 작은 생명체들도

지상에서 짧은 생애도 우주쇼라네

각자 삶에게 주어진 각성의 시간 알아차리기
일상에서 벌어지는 모든 것 번데기 꿈이요,
살면서 만나는 모든 것이 나비가 찾은 꽃의 인연이리니
신들려서 대담하고 살아라
빅 퀘스천 질문하는 그 위대한 마음을!

느껴라! 생각하라! 기록하라! 일깨워라!
폐에 산소가 닿을 때까지 입 맞추라
알에서 깨어났으면
껍데기마저 찢어버려야 하네
나비의 날개 탈춤이 되어
꿀벌의 화분 만들어야 하리라

밤하늘별 한낮의 새 형제

별도 새처럼 날아간다

날아가는 방식이 다를 뿐이다

한낮의 새처럼 밤하늘의 주인이다

별과 새는 한 형제의 DNA 나누고 있다

지금 빛나는 별은 멈추어 있지 않다

억겁 큰 하늘에서 수백 년 달려온다

머리 위 새처럼 별의 이동은 눈에 보이지 않는다

우리가 눈치채지 못한 까닭

수십 광년 동안 이주하는 생멸을 관찰한

별은 위대한 탐험자이기에

새들은 지구별 하늘 우주를 이동한다.

자유로운 정신 하늘로 나르며

별자리 읽는 세상 존재에게

예지자가 된다

별은 우주의 점성가 메신저

그 영겁의 외계 신호 해제하면서

나의 화답 마음의 주파수가 되다

별이 떠 있는 순간 묻고 싶다

누가 나를 하늘에서 떼어내었는가?

별이 지고 새소리 잦아들 때

별 하나하나 모두 영생의 불로초 화신

새처럼 별 하나 형제로 태어나고 싶다

새해를 만나는 것은

지난해 열두 달 달력에서 닳아 없어진 것이 아니오
시간 초분 단위 계산하여 칼 그어 나눈 것이 아니라오
새해 이어진 것은 그냥 오려 붙인 것이 아니오
시간의 예술, 음악도 시간으로 나눌 수 있다는 자는
오만하오
묵음과 소리마디 마디 분절된 것이 아니오
한 생애 음악은 한해 한해의 룰렛을 돌리는 공덕이오
지난해가 끊어지지 않는 팡파레 연주가 되고 싶소

유한하게 존재하는 사람의 시간 속
지구별 행성 차지하고픈 광시곡을 위해
새로운 한 해 시간의 전주곡에 열광한다오
그들 중에 보이지 않는 한 줄기 시간도 좋소
이 광대한 우주 속 티끌을 부여잡소

살아갈 날들을 촛불 알갱이들처럼 태워도 좋소

한 해의 대륙에서 한 해의 바다로 이어지는

산소 입자의 영혼이 예술처럼 불멸을 노래하옵소서

새해를 만나는 것은

죽음의 시간에 가까워지는 것이 아니라

별빛에 가까워짐을 일깨워주소서

묵은해가 징검다리가 되어

새로운 챕터의 서재 건너편으로 이어지게 하소서

지상에서 마지막일지라도

반드시 새해를 포용하게 하옵소서

한 사람 한 사람이 죽어가는

지상에 쓰는 마지막 역사가 되니까

삶은 우주의 크기로 별빛의 먼지로

부활할 수 있는 희망 예찬가이오

희망이 쏘고 역사가 발포되어 밤하늘 불꽃이 되리오

자정의 카운트다운 불꽃 이글거리다 못해

새해의 떠오르는 태양 솟구치게 할거요

첫머리 햇살 샛별로 다시 태어나게 하소서

한 나무의 사계절 사람의 사계절

한 나무는 그 안에 사계절을 품고 있소

그 안에 헤아릴 수 없는 잎사귀들이
서로 구토하여 내뱉는 초록이오
그 경쟁은 뽐내는 것이 아니라
생명의 순환을 받아들이는 순리라오

햇살 밝은 곳에 자라난 잎새는 갈수록 윤기 있게
햇빛 덜 받는 곳에서 자라난 잎몸들은
노란 갈색으로 쉽게 변하오
그 순환은 다시 부활 기회를 주고
초록 잎으로 갈아입을 기회라오

한 생애 그늘에서도 피어난 꽃나무의 꽃과 열매를 아시오

한 나무 안에서 생명 주기가 다르다니 놀라운 가르침이라오

한 사람도 사계절을 품으라는 진리라오
우리는 예외 없이 겨울로 가는 생애를 살아내고 있소
모든 사람이 똑같이 겨울로 가는 시간이 같지 않으오
같은 나이에도 어떤 이는 빠르게 겨울로 가고
어떤 이는 가을의 수확을 길게 만끽하오
겨울에도 피어나는 사람들의 꽃은 가을의 열매요

한 몸과 한 영혼에 4계절 품고 있소

한 사람의 몸도 관절염 통증으로 절뚝이지만
머리의 회전은 늘 봄여름의 계절처럼 왕성한 사람도 있소
머리카락 힘아리 가라앉아 희끗희끗하여도

가슴만은 참숯불처럼 타오르는 사람이 있소

어떤 이의 가슴은
겨울의 동면처럼 닫히고 피도 결빙되었소
다른 이의 심장박동은
풋사랑 감성처럼 설렘으로 강아지처럼 뛴다오
사람은 한 몸 한 영혼에서
봄 여름 가을 겨울 사계절이 다르오
사계절 순환시키는 조화가 생명의 맥박이니
그 사람 생애를 하나의 계절에 구속하지 마소서

월화수목금토일 음악처럼

베짱이 일요일은 블루스 재즈
휘갈긴 글쓰기도 듣기 좋다

나르시시스트 흠뻑 취한 토요일 저녁은
하와이 우쿨렐레 기타처럼 흥얼거린다

베테랑 장인만 살아남는 월요일은
바흐의 푸가 헨델의 칸타타 같은 규칙으로 타협한다
그 규칙에서 무너지면 일터에서 쫓겨나기 때문이다

깐깐한 과학자의 화요일은 익숙해진 규칙이 몸에 배어
하이든 교향곡 자를 재듯 일한다
화요일은 월요일의 연장선 글이라
조금의 변주곡도 울리는 글이 된다

마른 목구멍 축인 수요일은 실러의 시 예찬가 쏟다.
〈수요일에 비가 오면〉 도취해 본다
결국 사랑도 희망을 버무린 곡이었으니까

귀에 미소 걸린 목요일은 일주일 후반까지 뛰어온
달인 예찬의 글 입김을 불어본다
리스트와 쇼팽 피아노의 달인처럼 글쓰기 광인이 된다

애인 있어요 낭만주의 금요일은
콧노래로 오페라 아리아 부른다
환희의 찬가 장대한 오페라풍 글을 쓰려한다

한주 수고한 나를 위한 가브리엘 오보에 글이 된다
넬라 판타지아의 위로를 독주해 본다

매미처럼 언제나 감성적인 음악만 흥얼댈 수 없다
음악도 절도 있는 규칙으로 연주해야 하는 월요일을 맞이
해야 한다

날마다 하루도 물러설 수 없다
일주일은 인생의 4악장 4막 극의 클라이막스로 흐른다
각기 다른 인생극장 각자의 OST 멜로디로 최선이 아니면
차선이 되어 무대에서 떠밀려 내려오게 되고 만다

글쓰기 화가

화가들은 화폭에 담을 그림을 몇 번이고 스케치하기 일쑤다
글 쓰는 작가는 글감을 메모하고 수없이 고쳐쓰기 바쁘다
글감 키워드의 단어 알갱이를 툭툭 뿌린다
그 단어들이 스케치처럼 흑백 문장 되고
문장은 채색 입혀질 때까지 메모장에 뒹군다
밤공기 취하여 화가처럼 물감 풀어서
글 스케치 위에 뿌려본다

작가는 원고지 화폭에 글쓰기 밑그림 구도 잡게 된다
걸작이 될 때까지 밑그림은 기름과 물이다
여차하면 미완성 종이로 찢겨 버린다
빈센트의 자화상처럼 귀를 자른다
글쓰기로 내면을 해부하듯 칼춤 춘다

예술이란?

아리스토텔레스는 말했다

예술은 자연의 모방이라 정의한다

이는 맞고도 틀리다

Mother nature는 원석이다

예술은 대자연의 제자를 넘어서는 작업이다

예술의 주제인 사람들

무대 위 비극의 탄생을 싫어하지 않는다

자연도 비극적 엔딩 허용하지 않는가

극 중 무대 자연의 적자생존 배우고

부활을 따르는 코메디는 마땅한 부조리인가

사람은 자연의 후예 해피엔딩 형제의 꿈이다

대자연 솜씨를 닮은 예술 창작자들 숙명이다

평범한 창작가들에게 관람객들 박수 없다

그저 자연과 교류하는 비극 모방 수준에 머무른다

비범한 창작가들은 디오니소스를 더한다

자연을 스승 삼아 반전 넘어 인간의 상상력을 음주한다

대자연은 불협화음 4막 없는 상상력의 무대

사람의 비극보다 큰 카타르시스 엔딩없는 예술

피날레 앙코르 절대 지휘봉을 손에 넣은 자

그 열쇠 열면 예술은 브라보 꽃피우다

별똥별과 꽃의 레퀴엠

별똥별과 꽃은 엔딩이 같습니다

소신공양하는 꽃의 마지막 레퀴엠

이토록 애처롭게 마지막 살을 태워

사람들 눈길 걸음 발걸음 수놓습니다

별똥별 소신공양은

밤하늘 번쩍 들었다 놓습니다

그들이 지구별에 품어지듯

등신불처럼 사라지고 싶습니다

죽는 날까지 삶을 태우다가

화산재 되어버리겠습니다

이 흙이 바다의 꽃의 시체들 산화되어

저 하늘이 별똥 비를 목격하면 좋겠습니다

우리의 삶의 끝에 분신(焚身) 숯뎅이도

별들의 먼지가 모여 쌓인 겁니다

4부. 수필처럼 살고 싶어라

플라타너스 버즘나무

플라타너스야,

하얀 눈이 세상을 덮었을 때

너의 껍질 영혼 너의 가슴 눈동자

너의 살결이 하얗게 물들었구나

겨우내 추위에 떨어서 그리된 줄 오해하였다

혹여 껍질이 벗겨진 줄 알고 슬퍼 착각하였다

사람의 머릿결이

하얗게 세월을 이고 가는 것처럼

한 해의 무게 지고 겨울 끝에

너의 하얀 속살 백발 되었다

플라타너스야,

어려서 가을을 이해하지 못하였을 때

너의 그 푸르던 잎새들이 갈색으로

메말라 가는 것에 울부짖었다

어려서 늦가을을 몰랐을 때

빛을 잃은 잎새들이

낙엽 되어 땅바닥에 뒹굴어

떼굴떼굴 목 놓아 울었다

플라타너스야,

수십 년 흐른 고향땅 돌아왔을 때

하얗게 백골 된 네 몸에

손 얹어 온도를 나누었다

내 손은 이렇게 따뜻한데

너의 몸은 차갑게 식어있었다

늙어버린 나를 못 알아보고

사람들이 무시한 채로 갔단다

그 길거리를 홀로 지켜내고 나를 기다리던
플라타너스
너는 삭풍마저 머금고 견디고 있었는데
네 마음의 온도를 읽지 못하고 말았다
네가 나를 알아보지 못하는 것에 섭섭하였다
네가 벗겨버린 껍질로 못 알아볼 성싶었느냐?
내 탓이다 너의 탓이 아니다
세월이 우리를 잠시 낯설게 만들었지만
너를 안고 펑펑 울었단다

버즘나무야,
여름 한때 무성하던 너의 잎새들은
푸르던 젊은 시절 나의 초록보다
싱싱하게 윤기 흘렀다.

세상이 온통 희망으로 가득 차던 그때

봄부터 너의 잎새 무르익기를 기다렸다

나의 사랑이 차오를 때

네 곁을 걸으면서 고백하지 않았더냐

꿈이 이루어져 갈 때

네 곁에서 꿈의 지도를

자랑스럽게 그려보았지 않느냐

내 손보다 내 얼굴만큼

커다란 잎새를 푸른 바람에 펄럭일 때

함께 인생의 달콤함을 나누고 기뻐하지 않았더냐

그때 결혼하고서 너와 헤어졌다

나의 갈 길은 고향을 떠나게 하였다

언제 다시 만날지 모른 채

너에게 들키지 않으려고

새벽에 멀리 돌아서 떠났다

그때 떠오르는 해돋이에 보이는 너는

폼잡는 나를 응원한 것을 알았단다

바람을 타고 전해오는 너의 푸른 웃음을 안고

내 꿈만 찾아 너를 떠나왔다

버즘나무야,

바다 건너 돌아온 나의 귀향길

설 명절 눈이 소복하게 쌓인 길

잃은 것도 많았지만

깨달은 것이 더 많았던 나의 인생길

여기 네 곁에 돌아와 고백한다

플라타너스, 버즘나무야,

고대로부터 현자 나무였지 않느냐

굴곡진 인생 이야기

말 못 할 문제들 모두 들어주고

슬기롭게 답을 줄 것 같았다

플라타너스야,

오늘 백발의 머리칼 결에 꼭 같이 날리면서

너는 언제나 내 이야기를 들어주었구나

세상을 원하는 만큼 돌아보니

내 인생도 그럭저럭 괜찮았구나

사랑하고 헤어지고 다시 사랑을 지켜가면서

봄이 시작되던 때 여름의 꿈을 꾸었단다

가을에 수확도 하였지만

늦가을에 헐벗은 겨울을 준비하게 되었다.

그렇게 겨울에 고향으로 돌아와 보니

모두 떠나간 고향 그 자리에

플라타너스 나의 친구

혼자서 기다리고 있었구나

이제 그만 너의 넓은 어깨에 감기고 머물고 싶다

바다여

바다여! 그대의 추임새는

영감 폭발하는 질서다

그대 앞에 서면 창작가의 소명

용암처럼 불끈하다

바다여! 그대가 부르는

불멸의 노래 경전이 되노라

거짓 없는 시인이 될 수 있도록

참된 작가로 살 수 있도록

부끄럽지 않도록 살겠노라 맹세한다

파도는 이빨 드러내고 무섭게 질주한다

그 질주의 끝은 언제나 하얀 거품이다

하늘과 바다가 만나는 언덕

파도는 모래 숨구멍의 시가 된다

누가 뭐래도 원하는 모양대로 구비 쳤다

달의 키스에 흥분하면 부글부글 끓었다

감동받으면 떨려서 두들겨 휘저었다

파도가 바다를 떠날 때

하얀 숨소리로 울부짖어 부딪혔다

모래 해변에 다다를 순간

시의 운명은 숨 쉴 수 있었다

땅에 도달할 때까지

그 땅의 흙 이야기는

전설인 줄 알았지만

하늘을 믿고 싶었다

구름이 노여워 비바람으로

그대를 때려도 아랑곳하지 않았다

오로지 흙의 냄새를 맡기 위해서

쉼 없이 거품 물고 굽이치며 달려왔다

바다여! 파도와 흙을 시어로 허락해다오

폭풍의 언덕 식물처럼

살아가는 것이 폭풍의 언덕이오

바람에 꺾이고 떨고

폭우에 무너지는 궂은 날들이 많소

그때마다 꺾여버리는 풀잎들은 없소이다

저리도 퍼붓는데 나무들은

흙더미에 떨고만 있지 않소

내 팔보다 가녀린 피부와

내 다리보다 가느다란 줄기로

사나운 폭우 이겨내고 흠뻑 젖었다오

인간의 나약한 정신 개조하려 하오

이파리의 마음 빗살 근육 키우며

굴복하지 않는 강한 식물처럼

살아내리라 각오하오

간밤의 칼날 끝 비바람 사라졌소

붉으레 상기된 지평선 위

떠오르는 하늘도 무심하게 눈부시오

세상을 쓸어갈 쓰나미였지만

궂은 날씨는 지나갈 거라고

식물처럼 참고 기다리는 거요

이슬 젖은 두 발 힘주어 곧추서서

밤을 지새운 반려 식물처럼

등줄기 땀방울에 꽃이 활짝 핀다오

눈물과 비와 사랑의 노래 (연작시)
〈무서운 비〉

쏟아지는 폭풍우 싱크홀에서 추락한다

조여오는 찰바람 뺨 할퀴는 찰비

땅마저 움푹 패인다

천둥의 신 노하셨다

번개의 신 하늘 쪼갠다

한낮인데 태양이 숨고

잿빛 하늘 흑백 영상 세상을 편집하다

해와 달 소용없다

지구촌 하늘 덮은 빗줄기

노아의 홍수가 있던 그날처럼

사람들 마음 납작 엎드리게 한다

지구촌 어디 어느 동네는

집이 무너지고 강물이 불어서 떠내려갈지도
살던 언덕에서 밀려나지 않으려
비늘 들어 올리고 바짝 붙어있다
저 장대비 쓸려나간 모래톱 되어 젖어버렸으리
갈팡질팡 떨게 하는 강렬한 빗물 오염 투척된다
그 아래 사람들 작아진다
감히 바깥으로 나가지 않고 움츠러든다

무서운 비 색깔은 검다 못해 붉다
하늘 토해내는 피 같은 빗줄기
지상에 내려와서 검게 그을린다
흙탕물에 뒹구는 생명체들 살려고 바둥거린다

노여운 비는 땅의 중력을 폭격한다

하늘에서 진동하는 대자연 경고

살아남는 존재들 모두 고개 숙여라

발아래 낮은 세상을 굽어보게 하라

사람들은 성채로 피할 수 있음 감사하라

먼 옛날 우리의 원시 조상들은

동굴에서 이런 무서운 비 피하려 했다

두려웠던 그 DNA 기억 혈액에 흐른다

21세기 높은 건물은 무서운 비를 오만으로 본다

'혹시나 살면서 잘못한 것 없는지

뉘우치는 상념 된다'

〈반가운 비〉

무더위 씻겨주는 반가운 비

속살까지 시원하게 숨 쉬게 해준다

샤워 꼭지 터진 빗줄기에 등골 젖어든다

차가워진 공기와 비 몸 안에 화학물 되어

그리 반가울 수 없다

에어컨 선풍기마저 낭비

부채도 장신구 사막에서 만난

오아시스 한가운데 이리 기쁘다

낙타처럼 견디고 걸어온 모래언덕 길 끝에서

단비 채워진 웅덩이 아이처럼 뛰어들고 싶다

폭포가 활공하는 소년처럼

다이빙 점프하여 계곡 헤엄치다

기다리던 반가운 비

윤슬 빛깔 되어 기름진 땅 흐른다

이 비 굶주렸던 식물들마다 윤기 흐른다

반년 동안 가뭄에 모래알 피토하며

흙 위 모든 존재들 먼지같이 이 해갈 기다렸다

짙어진 녹음 물의 정령 얼마나 행복한가

단비는 희망 먹는 바이러스 숙주 된다

지구촌 모두가 초록 엽록체

반가운 비 세상 다시 춤춘다

모두가 무도회장 주인이다

〈위로의 비〉

힘겨웠던 하루 빗소리가 위로 음악이다

빗줄기 달린 현악기

현의 진동 그어서 활처럼 내려앉는다

빗소리 위풍당당 멜로디 된다

강약 박자 서고 장단조 흐른다

강렬한 포르테 심포니 사로잡더니

가늘어진 빗줄기는

서정적인 안단테 위로 울림통 된다

가사가 반복된다 '장하다 수고하였다'

축 처진 어깨 북돋아 주는 트럼펫 진동

위안의 빗소리 공명통 되어

쉬어가는 고개 넘어 내리막길 된다

위로의 비는 어둠을 굴절시키는

프리즘 빛깔 잉태한다

창문에 비치는 알록달록 빛깔들

무지개를 이토록 가까이 볼 수 있었는데

애써 모르고 살아왔다

억센 비 내리고 멈추는 그 순간

무지개 넘어 곁에 와있었다

거친 세상 무너뜨린 그 무지개는

한없이 큰 위안 되어 따뜻하게 울린다

'절망하지 마라 사는 것이

언제나 힘들기만 한 것은 아니다'

비 온 뒤에 굳어진 땅처럼

판도라 상자 마지막 일곱 빛깔 빛나게 된다

⟨사랑의 비⟩

비 그치면 집에 돌아갈 수 있을 거야

사랑하는 가족 품 고향으로 돌아가고 싶어

비 그치기 전 꿈을 꾼다

날이 환히 개이면 집으로 돌아가야지

비 멈추면 희망의 쪽빛으로 길을 밝혀줄 거야

비 오는 날 메마른 사랑 되찾을 거야

사랑의 비는 봉숭아 물 감정 베여있다

그 비 맞으면서 "사랑은 비를 타고(Singin' In The Rain)"

노래와 율동하면서 사랑꾼 뮤지컬 되고 싶다

사랑의 비 온 누리 흠뻑 젖게 한다

미움도 걱정에 절인 오염도 씻겨진다

절망도 두려움에 굴복한 순정도

세탁되어 흘러간다

사랑의 비는 인디고블루 식물들

생명의 색깔이다

여우비가 사랑의 비라고 했으니

사랑은 변덕스러워 신비 씁쓸 달콤

언제나 무료한 그런 맛이 아니다

푸석한 하늘 사랑의 비는

쓰디쓴 삶의 보상이다

아낌없이 뿌리는 사랑의 비

만물의 곡식 열리는 그루터기 되리라

산타클로스의 기도

아가들 울지 않도록 하옵소서

두 발이 허물어지더라도

아이들 소망 나르겠습니다

고달퍼서 무너진 어깨 주물러

엄마 아빠 꺾어진 등 펼 수 있도록

소년 소녀 꿈 항아리 지고 나르게 하옵소서

식구들 허리 휘지 않도록

그들이 켠 촛불 꺼지지 전에 나르겠습니다

한해 끝나는 길목 가난하더라도

마음 놓고 웃도록 하옵소서

루돌프 지치더라도 기도의 썰매

멈추지 않도록 달리겠습니다

빈자의 꿈 잃지 않도록 위로하게 하옵소서

아이들이 꿈 가진 어른으로 성장하게 하옵소서

궁핍한 사람들이 두 손 힘줄 모아

기도 이룰 수 있도록

희망의 기적 들끓는 굴뚝마다

나르도록 하옵소서

레코드 LP판

레코드판처럼 인생 재생할 수 있다면 좋겠다

LP판처럼 인생 보관하였다가

맘대로 수정하는 제작 과정처럼 살면 좋겠다

가장 아름다운 인생 순간

LP판 노래로 만들어 들려주고 싶다

사랑하는 사람들 영혼이 녹음되어

다음 세대 전달될 수 있기를 바란다

돌아갈 수 있는 것이 인생이라면

LP판처럼 다시 돌아오고 싶은 순간 있다

웃고 우는소리들 담을 수 있는 레코드플레이어

생동하는 추억의 소리 편집하고 싶다

레코드플레이어는 인생의 축소판 삶의 복사판
생애 조각 무엇을 LP판에 담을지 제작자 고민하다

살아온 노래 어떻게 녹일지 찾아낸다
왜 만들어야 하는지 질문할 수밖에 없다

사람들이 LP판 뮤직박스 서성인다
마치 중고 서점에서 무엇을 찾으려는 눈빛들

음악이 레코드플레이어에 들릴 때
삶이 긁히는 진동 들을 수 있다

LP판 뮤직 찾는 허기짐이 가렵기에
음악이 터널 속 삶을 움직이는

빛나는 주파수들 포착하고 느끼고프다
디지털 음악은 배고프지 않다

레코드플레이어 돌아가는 턴테이블
그 비주얼 갖지 못하고 사라진다

LP판 음악은 미완이라 더 절박한 음악 영혼
360도 춤을 추듯 빙그르 회전 무대

레코드판은 상처 난 긁힘을
실어 나르는 아날로그 물류창고의 택배

태초에 신이 음악을 창조하는 사람들 만들었고
LP판 음악은 도자기 굽듯 사람이 빚어내었다

우주의 중력 운동으로 공전하는 것처럼
음악은 LP판의 별자리 돌면서 항해한다

LP판은 동심원 소리 파동의 바늘이 증폭한다
그 기적 청취하게 되는 것 청각의 화학물질

비이커에 섞이는 연금술사 마법이 된다
바늘은 미세한 홈을 읽는다

떨리는 나팔관 귀로 전달되는 LP판
인생극장도 한 뼘짜리 무대 예술이다

나무 책상이 생겼다

도서관 한 켠 자리 목 놓아 그리웠지

가족 없을 때 눈치 보고 식탁 아니 걸상에서

무릎 위에서 글을 써왔단다

공원 모퉁이 찌그러진 나무 그루터기 기대어

빈자처럼 아무 데나 앉아서 책 읽고 글감 고민했어

그 아담한 통나무 책상은 나만을 위한 부자의 증표

새로 생긴 원목무늬 책상이 글의 영혼 자꾸만 끌어당기네

새벽부터 벌써 궁합 맞아졌고

나무 - 나만의 무대 - 책상과 시의 정령 관통했지 뭐야

작고 아담한 책상에서 책 읽고 글 쓰던 작은 시간들

글쟁이 마음은 우람한 숲만큼 커져버려

이제 작가로 대접받는 것 같아 무대가 생겼잖아

기뻐 흘리는 눈물의 시 지어도 혼자가 아니란다

AI 인공지능 이기는 법

AI가 상상할 수 없는 것 하나,

완전히 없었던 것

- 무에서 창조하는 것은 없소

무한 입력 무한 출력 융합 통합하여

수 초 안에 통섭할 수 있다 해도

인공지능이 할 수 없는 둘, 셋, 넷...

보이지 않는 것 볼 수 있어야 한다오

놓쳐서는 안 되는 것 잡아내어야 하오

잡을 수 없는 것 마음의 손으로

만질 수 있어야 하오

들을 수 없는 것 성령의 귀로 듣게도 된다오

AI 인공지능 그렇게 할 수 없소

사람만의 압도적인 능력이라오

스니커즈 사피엔스

구김살 펴지지 않는 스니커즈, 땀에 젖은 신발,

나의 몸을 끌고 다니느라 참으로 고생이 많았구나

너를 신고 일터로 갈 때 살아갈 용기 느낄 수 있었구나

집에 돌아올 때면 축져진 어깨 매달아

나의 피로 200배의 무게로 스니커즈 너를 구겨지게 하였구나

가장 밑바닥 흙더미에서 주름 잡히고 먼지 뒤집어쓴 스니커즈

반려 신발, 나의 동반자는 직립이족보행 인류

스니커즈 사피엔스 진화하다

너를 통해서 산업혁명 스포츠 인문학 배울 수 있었고

너를 신고 세상 모든 곳 돌고 돌아 구경한다

스니커즈 인생 반려자, 지구의 중력 딛고 나를 서있게 해준 너!

인생길 함께 걸어가는 길동무, 아무도 고맙다고 말하지 않잖니

갈라진 발톱 부어오른 발바닥 목도한 나의 반려 스니커즈

비눗물 깨끗하게 목욕시키고 하룻밤 편히 쉬거라
21세기 인류는 스니커즈 사피엔스 내일 또 동행하자
신발장 넘어 달리는 꿈 꾸며 세상 밖에서 만나자구나

시시포스 기도

사람의 생애 기도는 기다림의 지루한 터널

터널 지나려면 어둠을 걸어야 빛이 보인다

기다리는 것은 묵상보다 수행의 길

참나 찾기는 움직임 끊기지 않아야

기다림의 확신 믿음의 소망 실천의 등잔불 켜라

이기는 법은 포기하지 않는 느린 길

산의 오르막과 간절한 기도는 같다

나지막한 평지에서 오르지 않고

산 정상 닿고 싶다는 자

시시포스 형벌 있을지어다

오르고 싶은 곳까지

쉼 없이 온몸의 근육 수축 팽창하는 법

정상 향해 살을 태워 촛불을 들어라

가까이 가야만 보이는 거다

중간에 포기하면 기도는 닿지 않는다

오르막에서 주저앉으면

오르는 길도 끊기다 사라진다

기다림은 에고의 욕망을 극복하는 기회

시간의 흐름 한 계단씩 집념하라

시공간 통째로 잊어버리는 몰두하라

바라는 소망이 크고 간절하면

정상의 부조리 문제도 아니다

영원 회귀의 기도는 끝내 나타나고 말리라

마침내 내려올 희망이 생기는 미소리라

삶은 액션

멈추면 죽는다 고이면 섞는다
늙어가도 골동품 핑계 없다

삶은 액션 쓸데없는 생각 접어라
끝까지 노저어야 건널 수 있다

나는 누구인가 묻기 전에
어디에서 왔는가 대답하기 전에

행동하는 집단 지성 답하라

이 땅 저 하늘 숨 쉬는 존재 이거라
가라앉지 않으려면 헤엄쳐라

생명은 끊임없이 회귀해야

멈추면 지고 마는 법

삶은 액션 레디고 언제나 상영 중

피아노 (연작시) _ 〈피아노 연습〉

서툴게 시작한 악보 눈에 익으려다

또다시 틀려도 물든다 아직 악보는 수수께끼

손가락이 건반의 길에서 미아 된다

악보와 손가락 충혈된 눈 애끊는 마음은 천 갈래

한 핏줄 지긋하게 신경세포 다발 88개는

여린 가지들 뻗어가는 꿈이다

왼손 따로 오른손 따로 서로 모르게

흑백 건반 살포시 점들 찍어놓네

다시 돌아오면 그 점선이 그림 만들고

오른손 왼손 함께 노래 부르면

세상에 없던 옥소리 숲을 보여준다

처음 만드는 천상의 화음

화들짝 놀라는 기적의 음색

배우고 연습하니 악보 시리도록 고른 소리

마디마디 감정 흐르니 88개 섬유질 세포

뉴런 신경조직의 뇌파동 시공간 떨린다

오선지의 열 손가락 읽는 것 멈추지 마라

소리 멈추면 피아노 혈맥이 끊어진다

피아노의 해머 끊임없이 탐하라

손끝의 감각이 중추신경 공명통 울어댄다

땀방울 배인 연습 두 손 결혼하다

저음과 고음 완벽한 한 쌍 탄생되다

듀엣 백조의 호수가 빙판 가르듯 나르다

오온 감각 공전하다 건반 위 솟구치다

〈피아노 대가〉

피아노 건반 활자기는 한 피와 살
두 손 모으고 손끝으로 몰입하는 추임새 곱다
폭발하는 머리와 차가운 가슴을
손가락 뿌리에 옮겨 심지 않으면
껍데기 연주는 물거품으로 추락하고 만다

피아노 활자의 건반은 흑백필름의 미학
아름다운 소리 심연 긁어대는
글 쓰는 타자기의 창작물
뇌 심장 동맥을 흔들어야
독자와 청중 사로잡을 수 있으려니

피아노와 글 창조 세계는 피안의 공연
혼자만의 위로는 외로운 건반의 수행자

관람객 브라보를 위해 고통 번뇌를 벗어나야 한다

피아노 흑백 건반 반음 내리고 울릴 때
꽃이 피고 별이 지듯
빛과 그림자 밝히다
포르테 쩌렁하게 피아노시모 고요하게
소리의 예술가는 귓전을 쥐락펴락 지배한다

손가락 파도치는 윤슬 깨달음의 무도 판타지
건반 위 대가가 스텝을 꼬이지 않는 것은
건반 통째로 무대 삼지 않고
세심한 손끝 맥박으로 리듬을 타는 법
청중 먼저 무대 안으로 끌어들이는 대가

장음정 단음정 모두 붙인 이름일 뿐

대가는 박자의 이름을 나누지 않더라

평화와 전투의 문장 불멸의 소용돌이 되느니

단어 음절 모두 들숨 날숨의 도구일 뿐

독자들 박수 소리 없다면

자작극 무대 접어야 하느니

피아노 건반 활자 타자기는

관객 없이 호흡할 수 없다

〈피아노와 글쓰기〉

태초에 소리 있고 세상은 글자가 되었다
피아노 음악은 보여주는 말씀이어야

연주가 마음 밀치고 대화 문 열면
손끝에 취해야 들리는 글쓰기 세상

피아노 클릭하면 잊지 않고 화답한다
정직한 소리 따스한 소리 격정의 소리
신내림 들을 수 있는 오색 빛깔 눈부시다

건반의 노래는 화자의 나래이션
전지적 시점 응답하라 피아노 연주
서툰 연주는 습작의 원고지 부끄럽다
거친 연주 뭉뚝해지면 악보 찢는다

가장 감미로운 화음이 묻는다

연주가 깨달은 자로 응답한다

가장 슬픈 음를 서정시 화답할 때

뭉클한 건반 해머를 울린다

세상 모든 소리 낼 수 있다고

우주 모든 감정 보여줄 수 있다고

긴 서사시에 자만하지 마라

연주가 대화 나눌 뿐 일방적 엔딩 없다

피아노와 글쓰기 쌍방향 울림일 뿐...

홀로 마침표 찍는 것 연주가 몫이 아니다

악보 책을 듣는 독자들이 신이다

음악이 활자를 보여주는 쇼윈도우

집필과 연주 생명력은 감상자 평가뿐이다

굶주림

굶주림 두려우면 예술 하지 말라

사라지기 싫으면 열심히 살아라

사는 것 힘들면 죽는 것보다 쉽다 생각하라

운명이 고달프면 반항하라

존재감 없다면 죽을 만큼 노력하라

굶주림이 건강한 장기 단련시킨다

충만한 예술정신 허기진 욕망이다

탐미를 채우려면 먼저 굶어라

배부른 예술가는 가짜다

이 시집을 부여잡고 전하고 싶습니다.

국제적인 디자이너 친형제의 예술 사진과 삽화에 감사를

보냅니다.

이 시집은 저와 함께 인문학 공부로 성장해온

〈인문학 향기 충전소〉글벗들에게 바칩니다.

QR코드 클릭하시면 〈인문학 향기 충전소〉 입장하십시오.

나는 누구인가
부제: 눈물비와 사랑 예술의 노래
호프맨 작가의 인문학 시세이

인쇄 2025년 09월 23일
발행 2025년 09월 23일

발행인 이은선
발행처 반달뜨는 꽃섬 [서울시 송파구 삼전로 10길50, 203호]
연락처 010 2038 1112   E-MAIL itokntok@naver.com

ⓒ 호프맨작가, 저작권 저자 소유

ISBN 979-11-91604-57-3   (03810)

이 책은 저작권법에 의해 보호를 받는 저작물이므로 무단 전재와 복제를 금합니다